I0479345

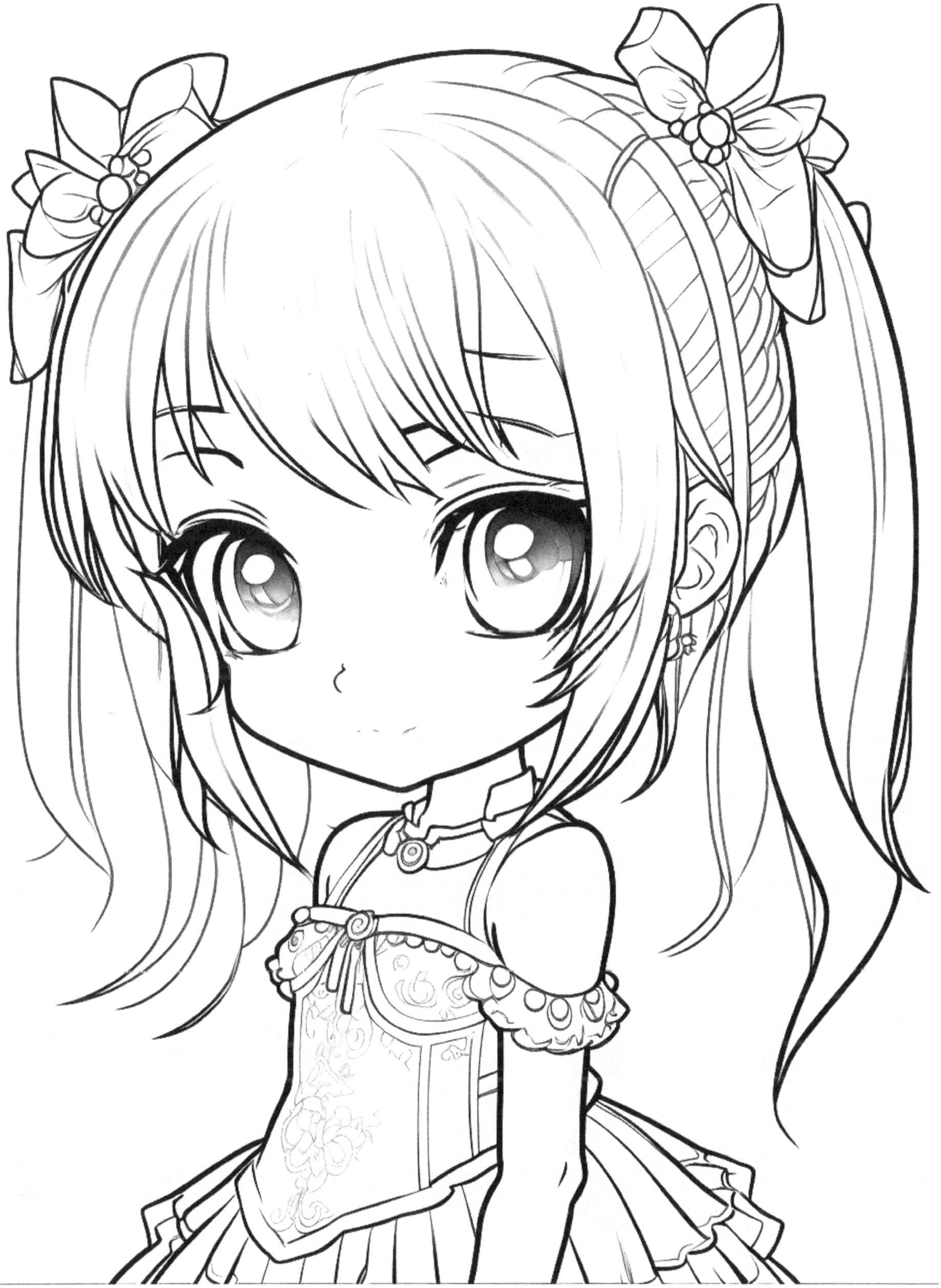

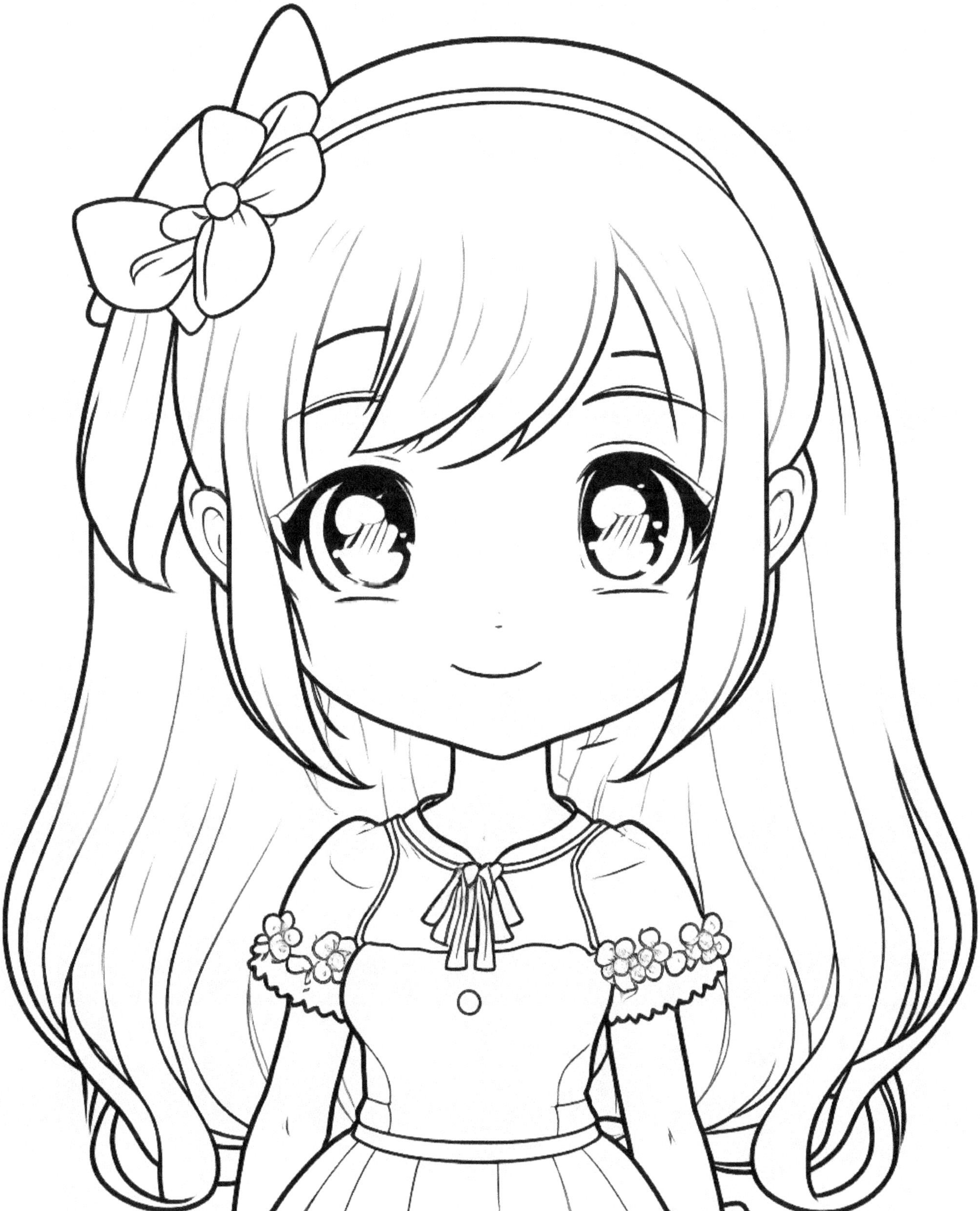

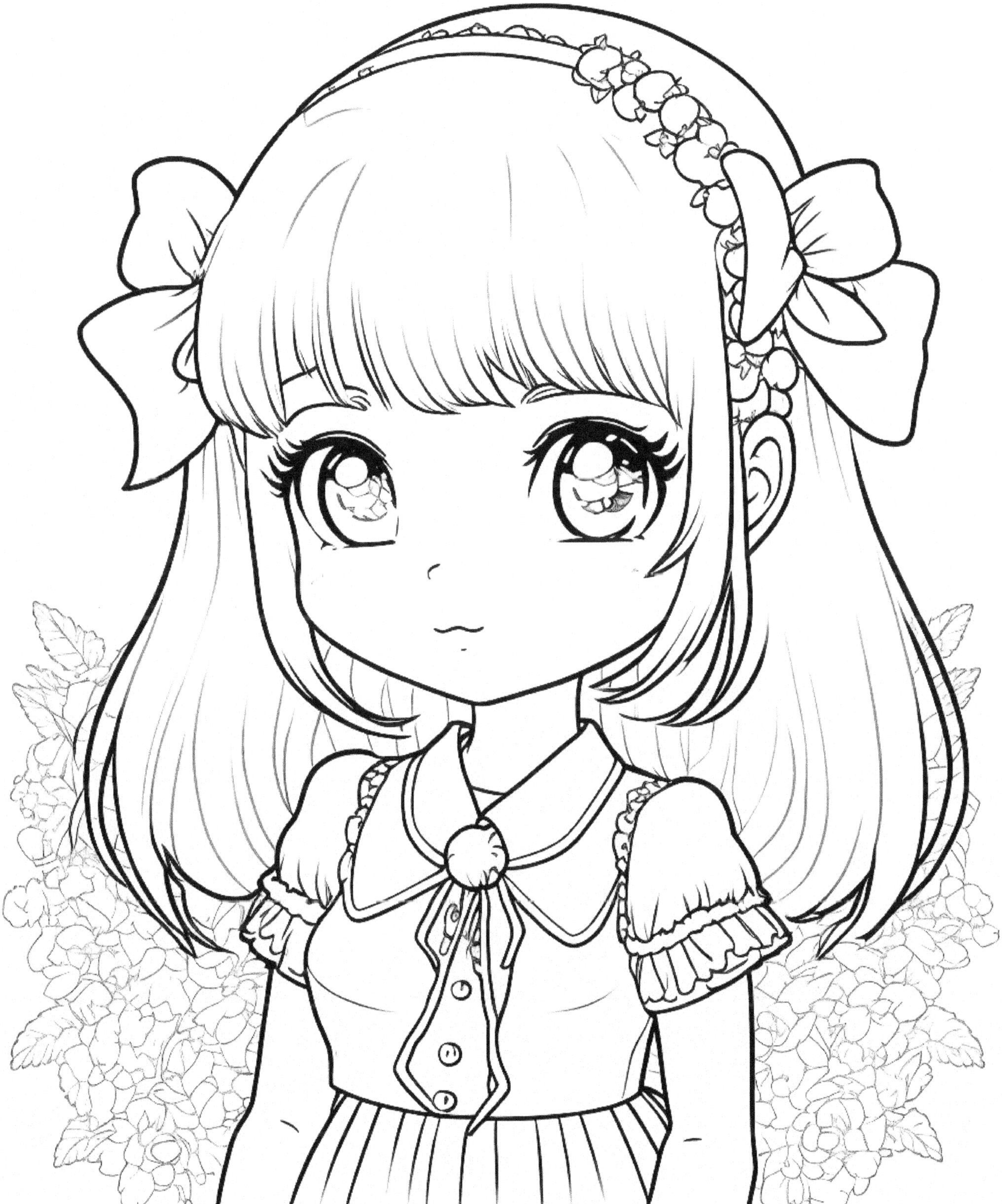

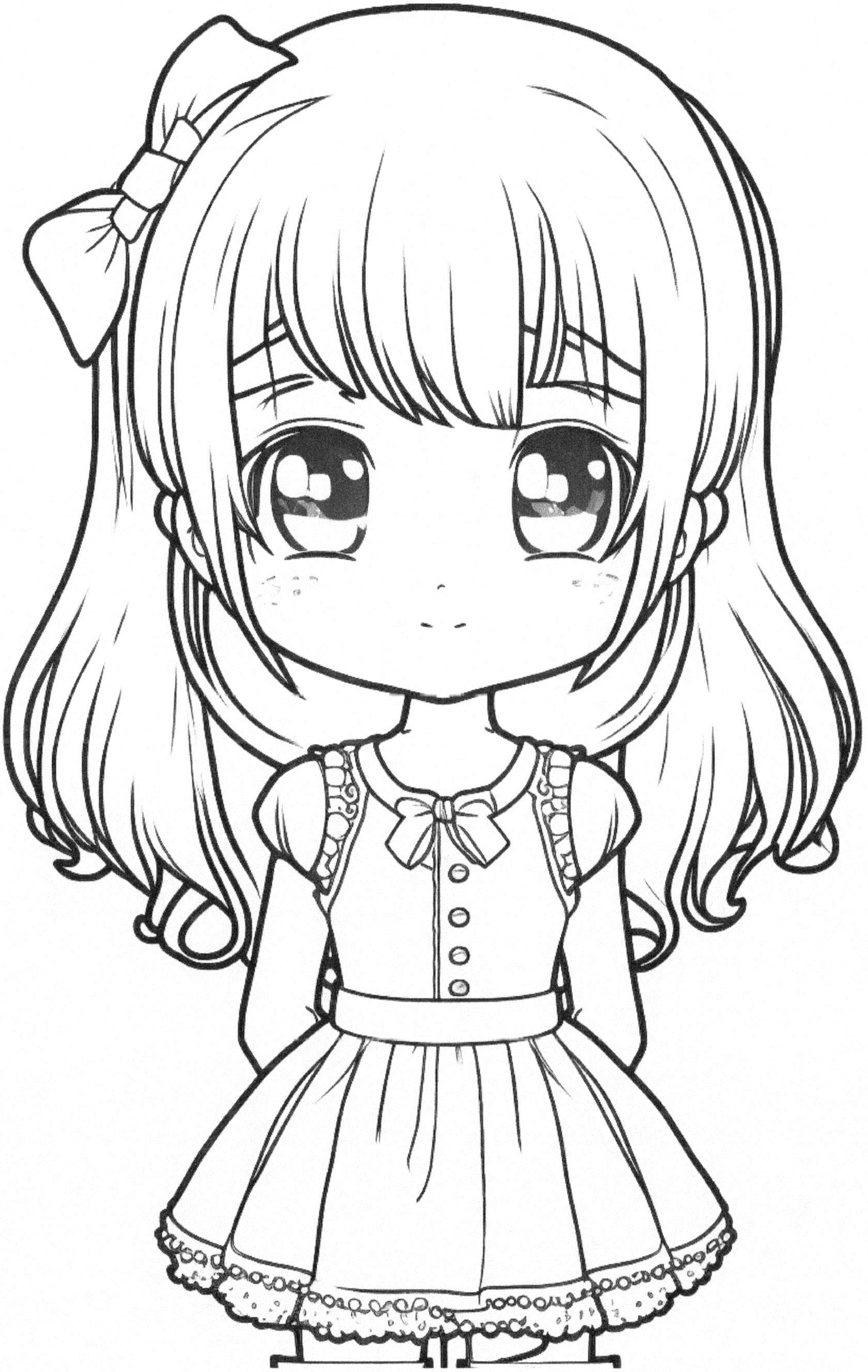

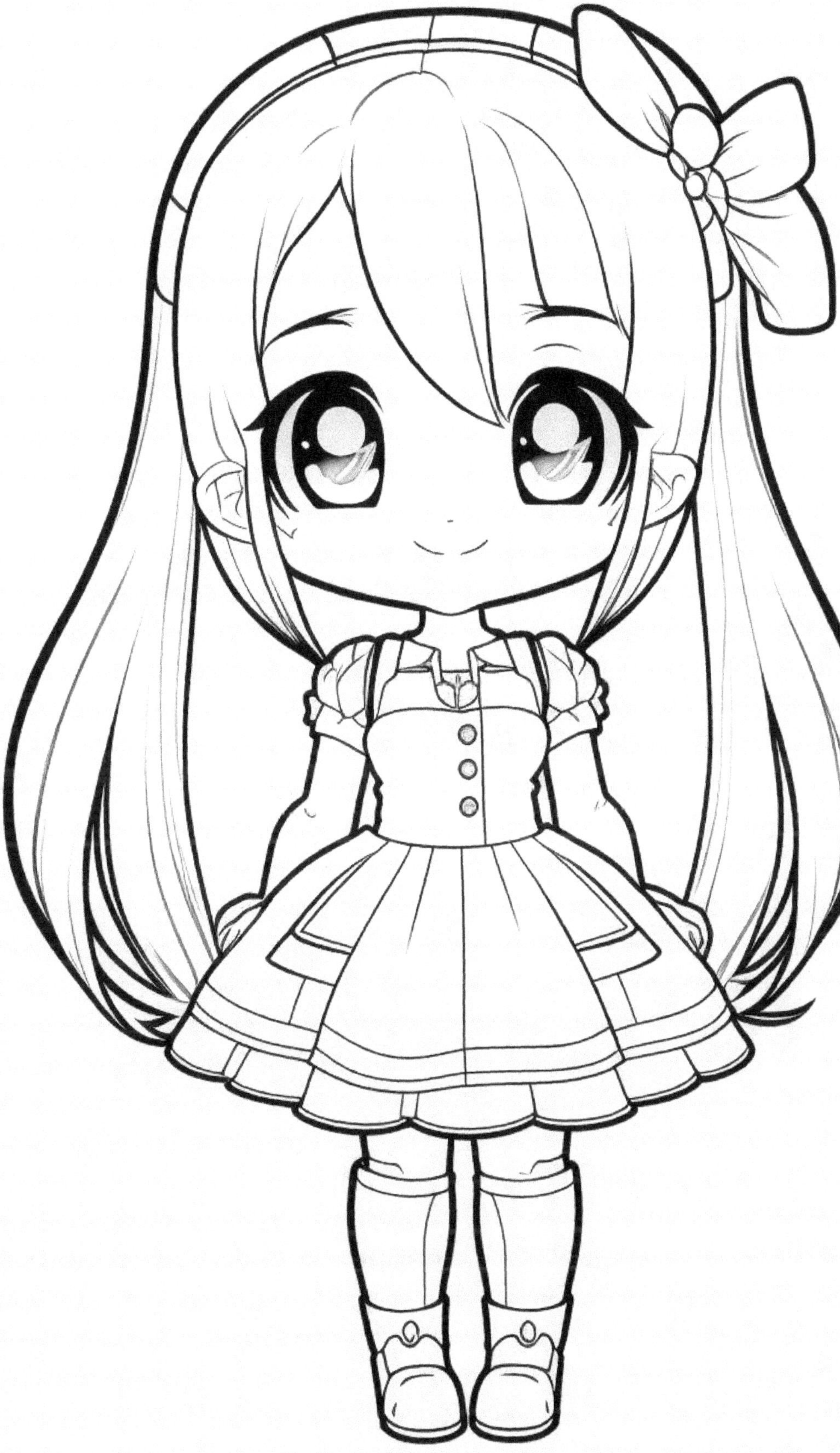

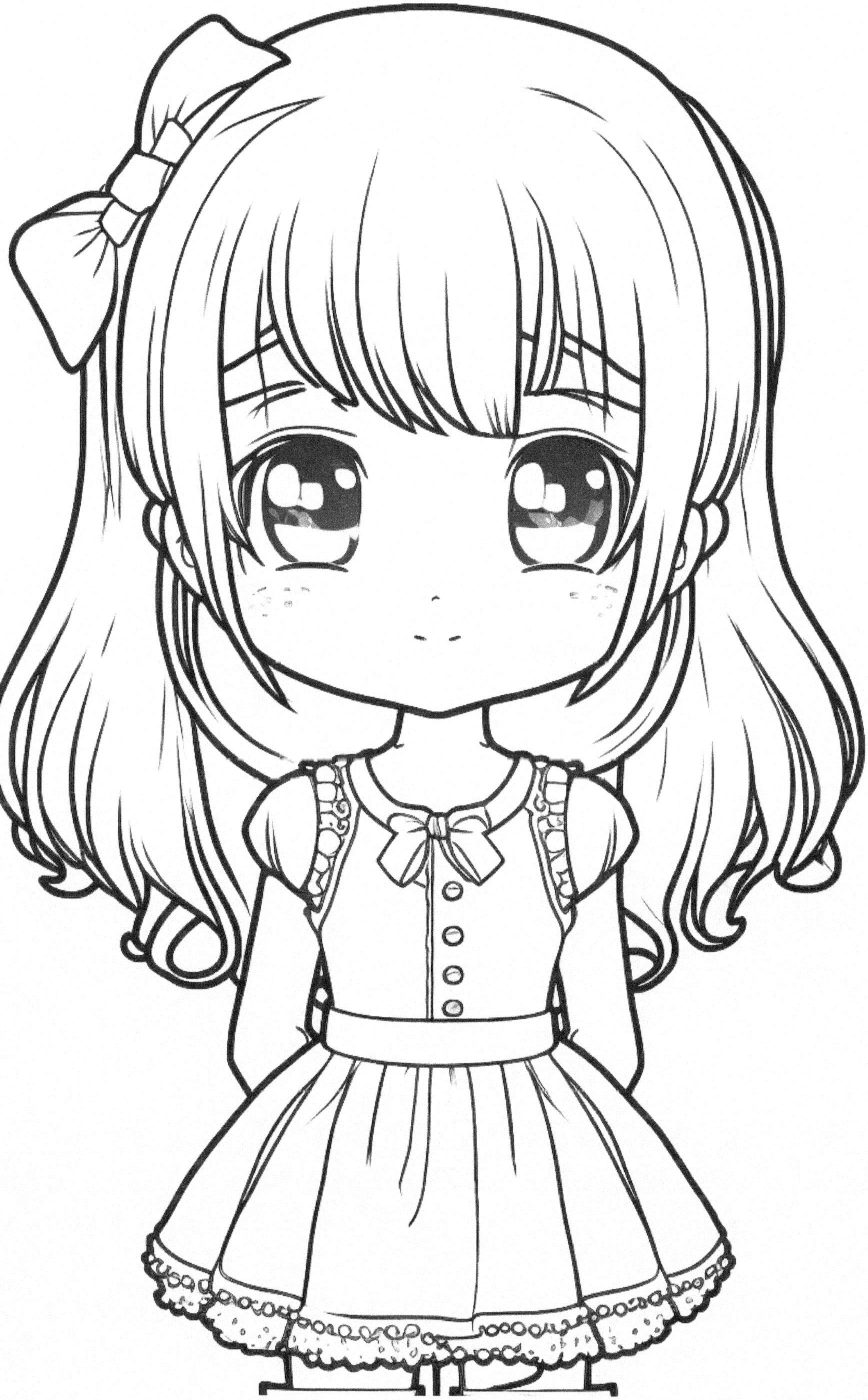

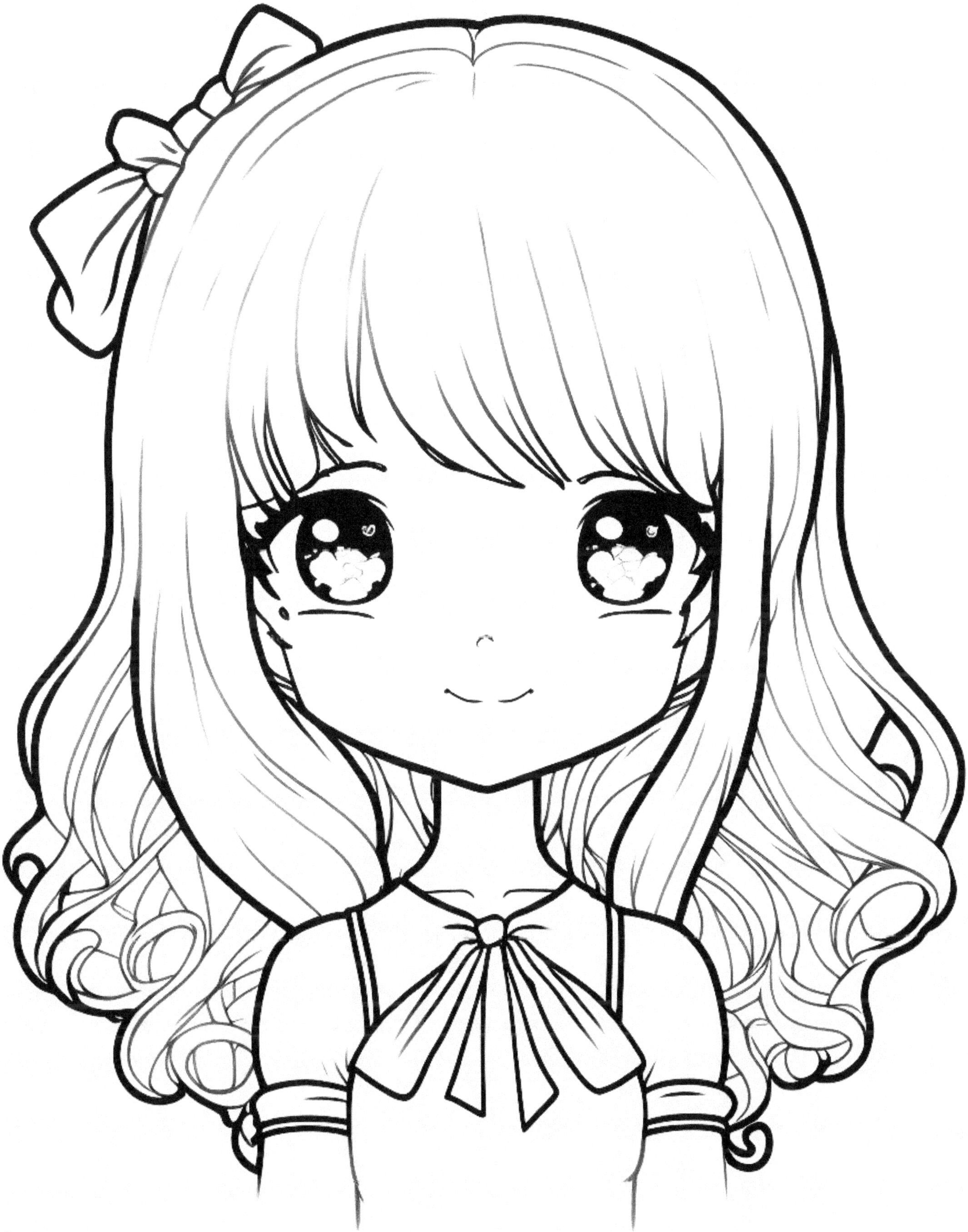

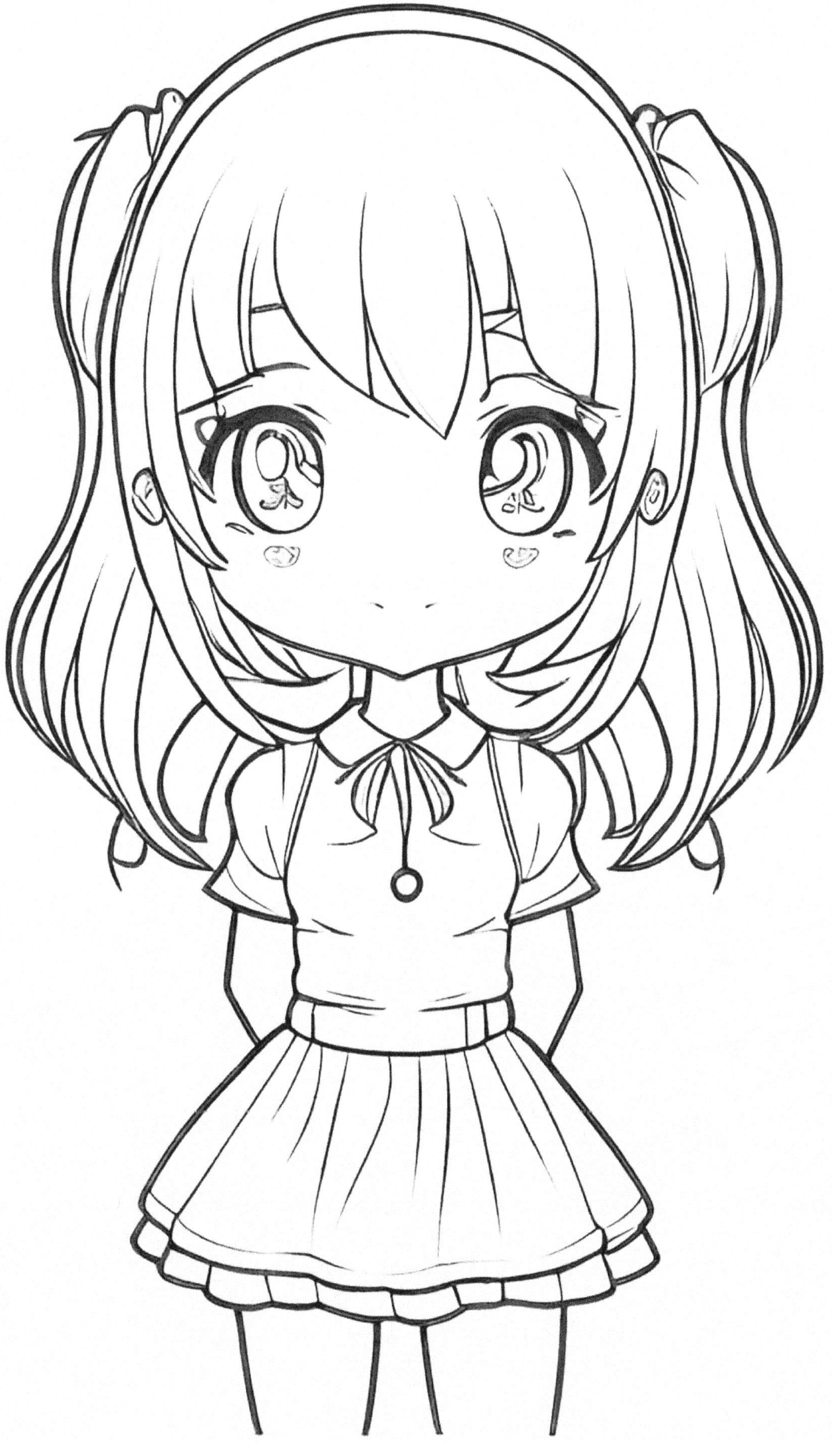

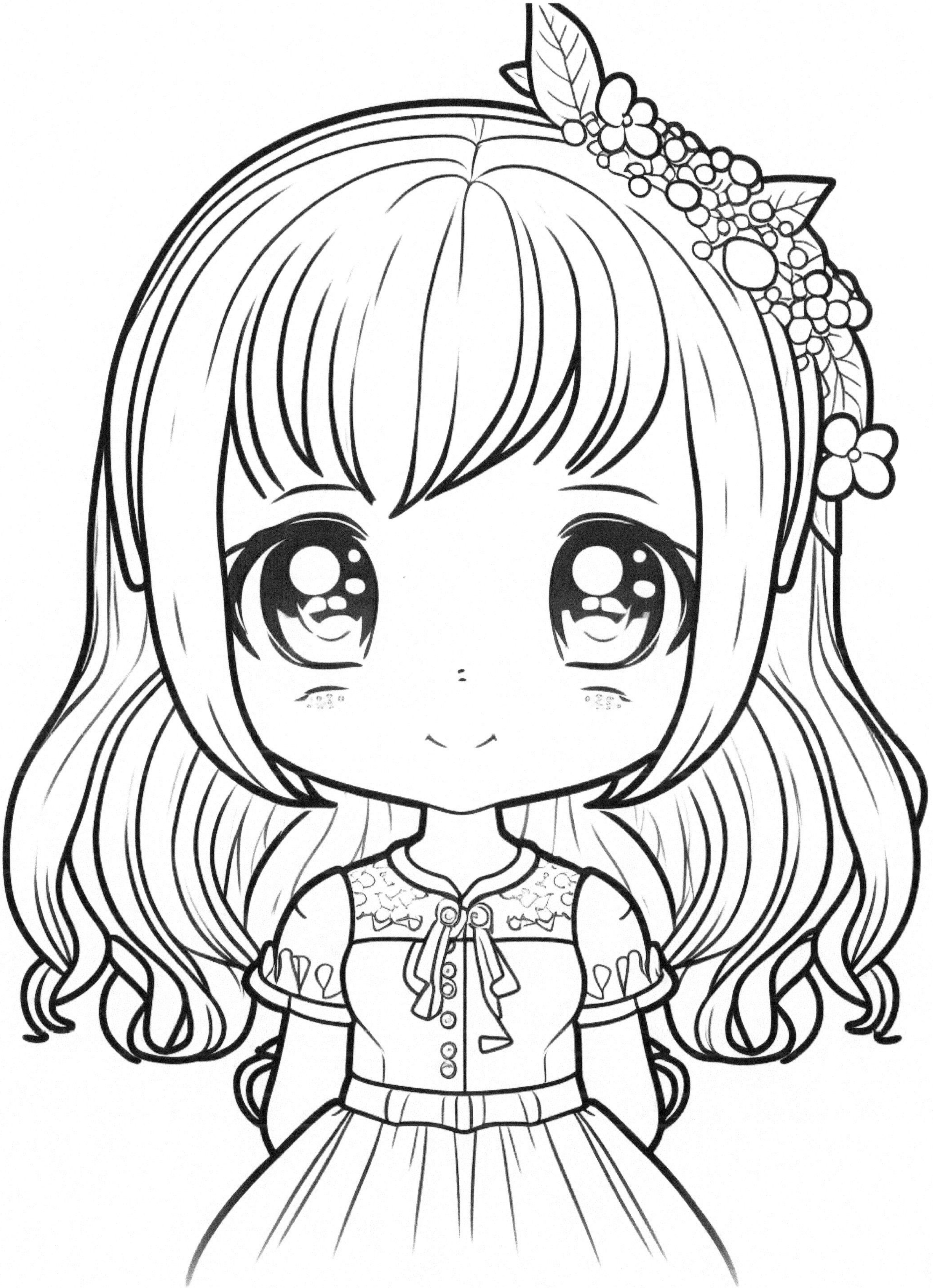

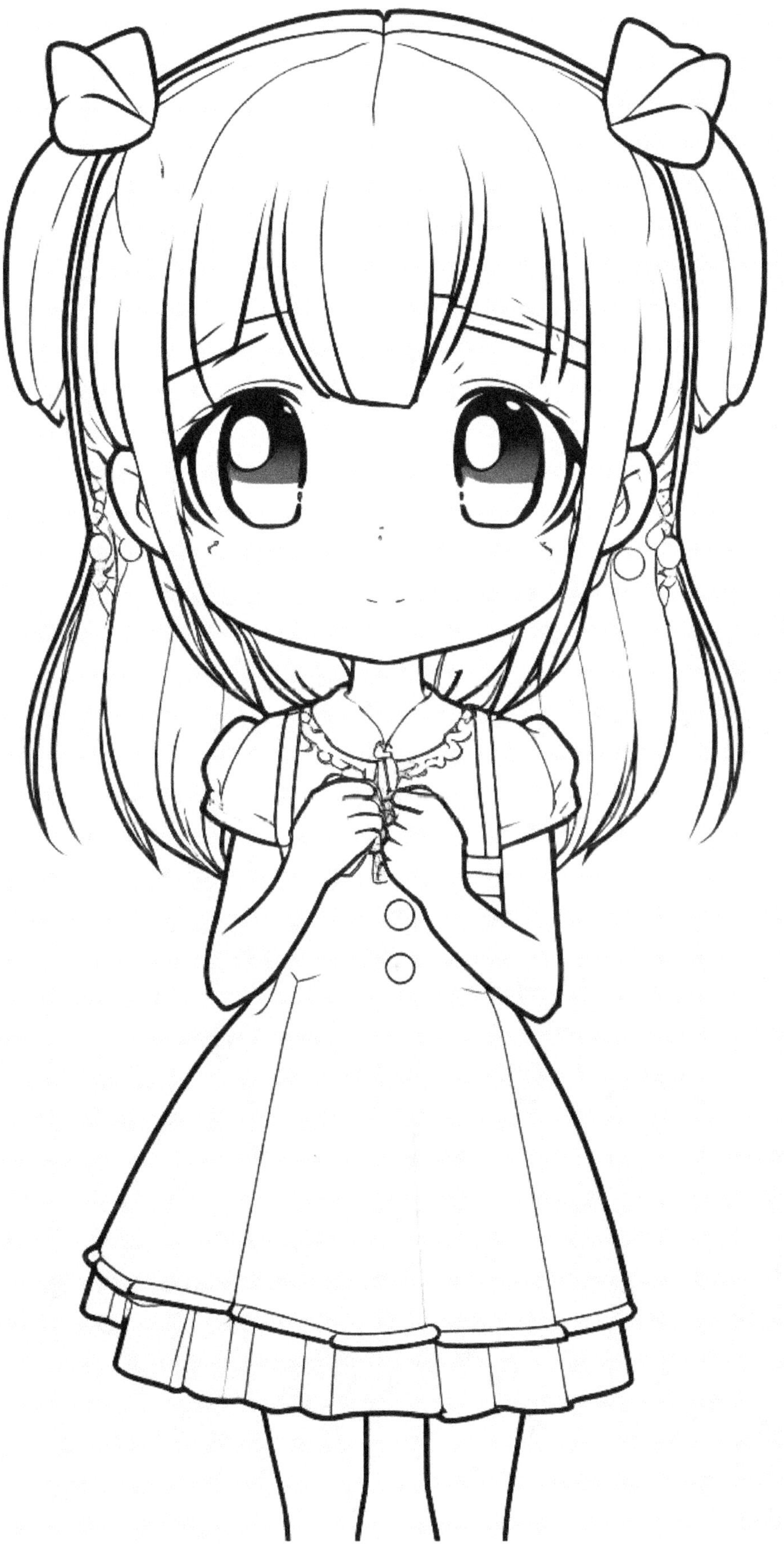

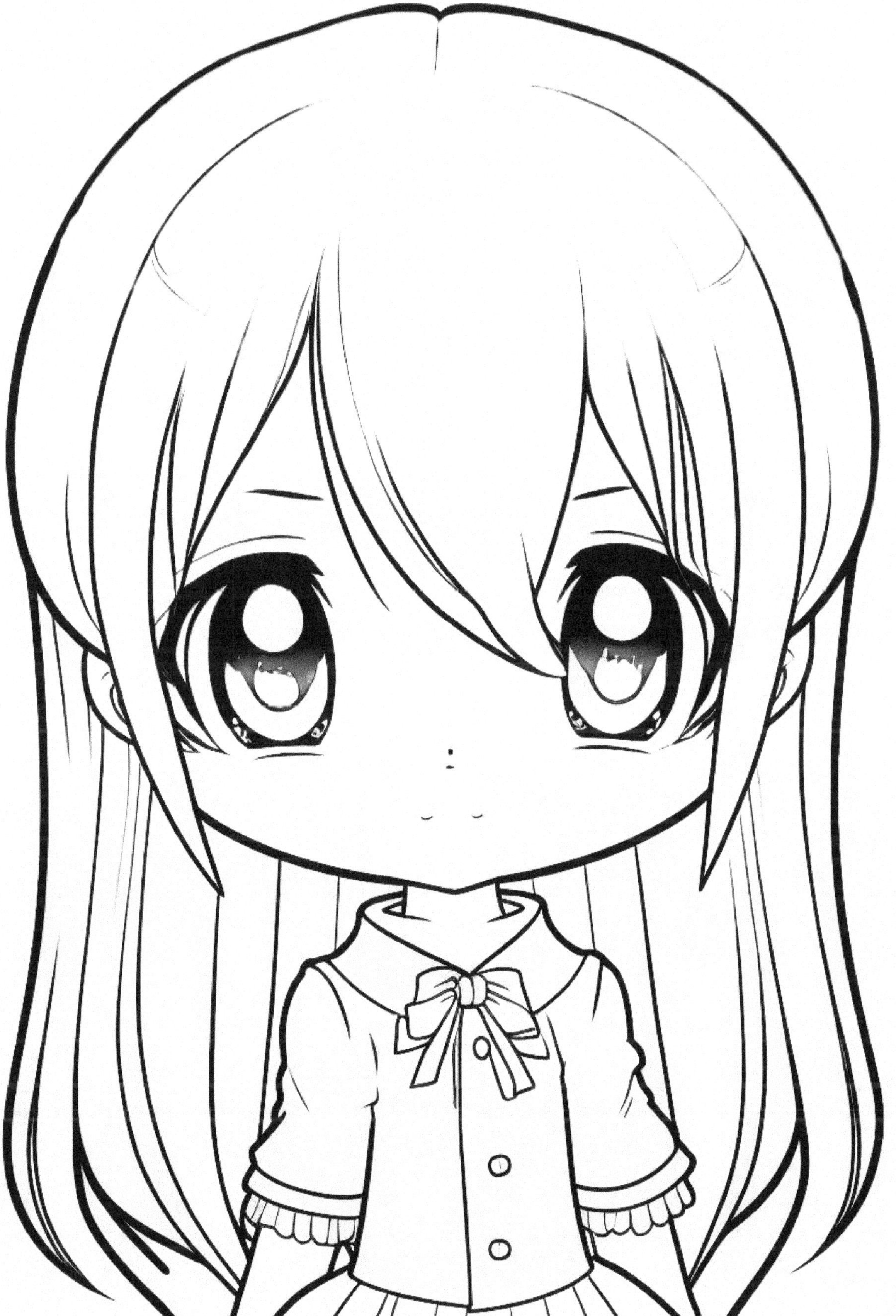

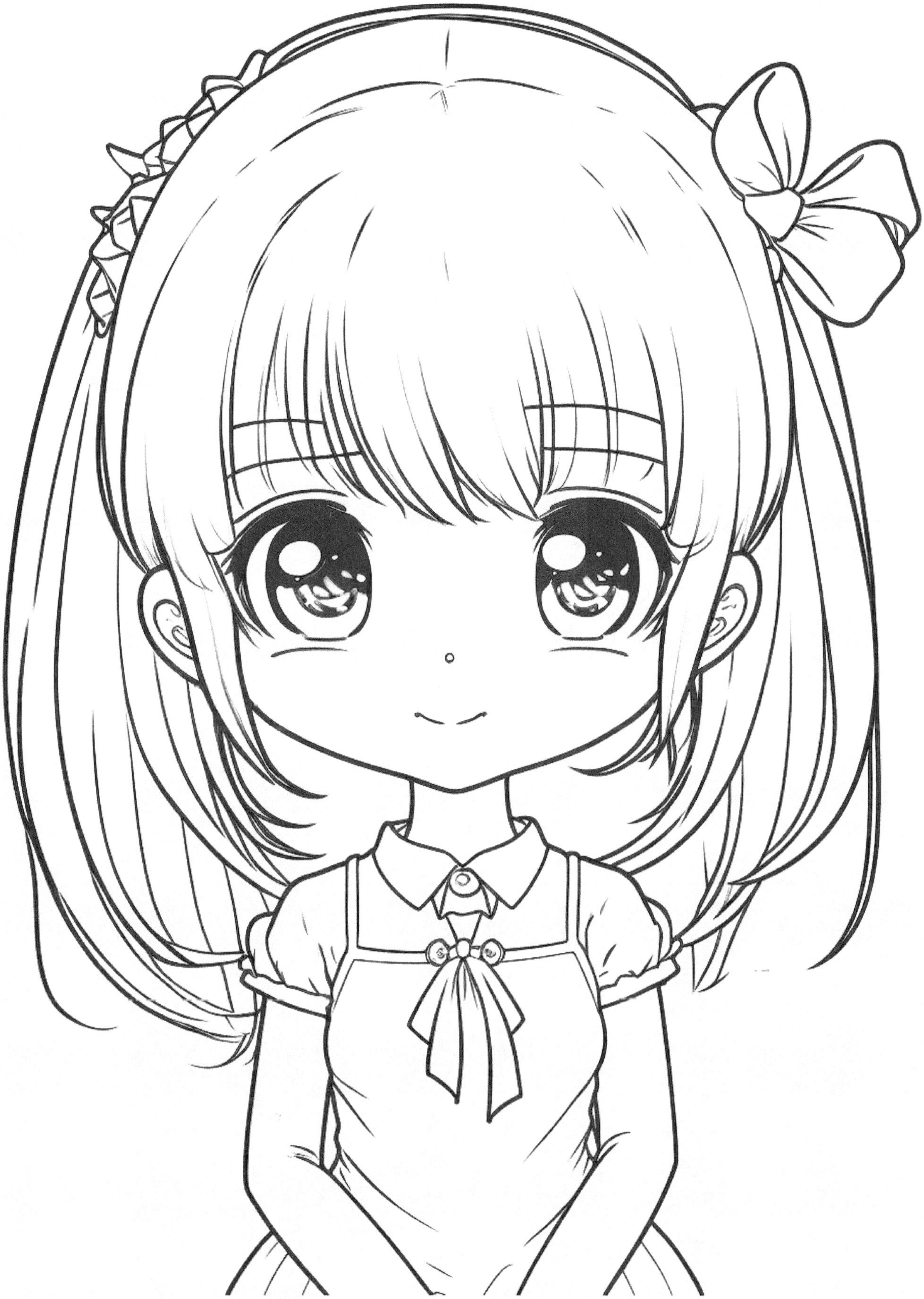

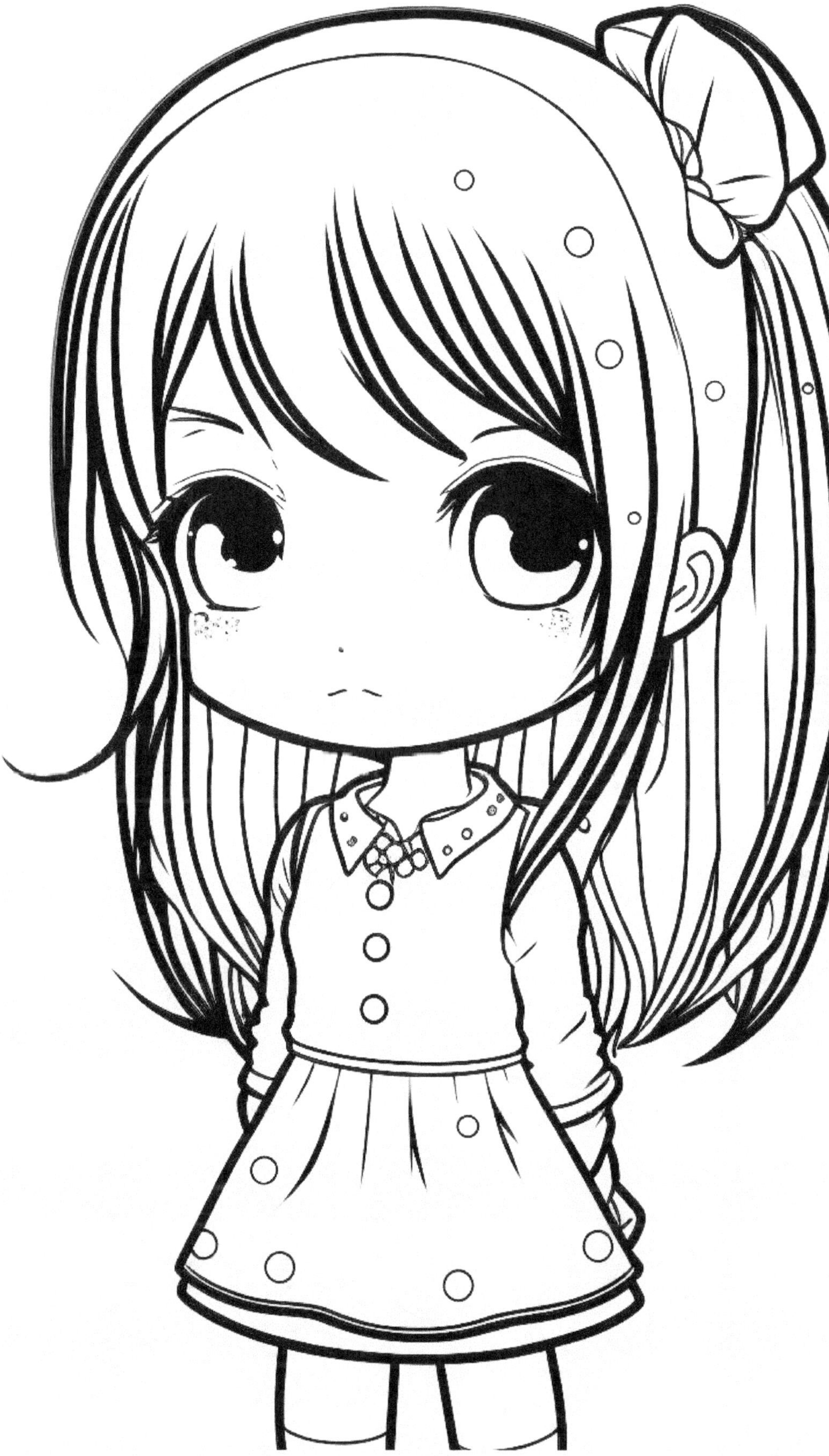

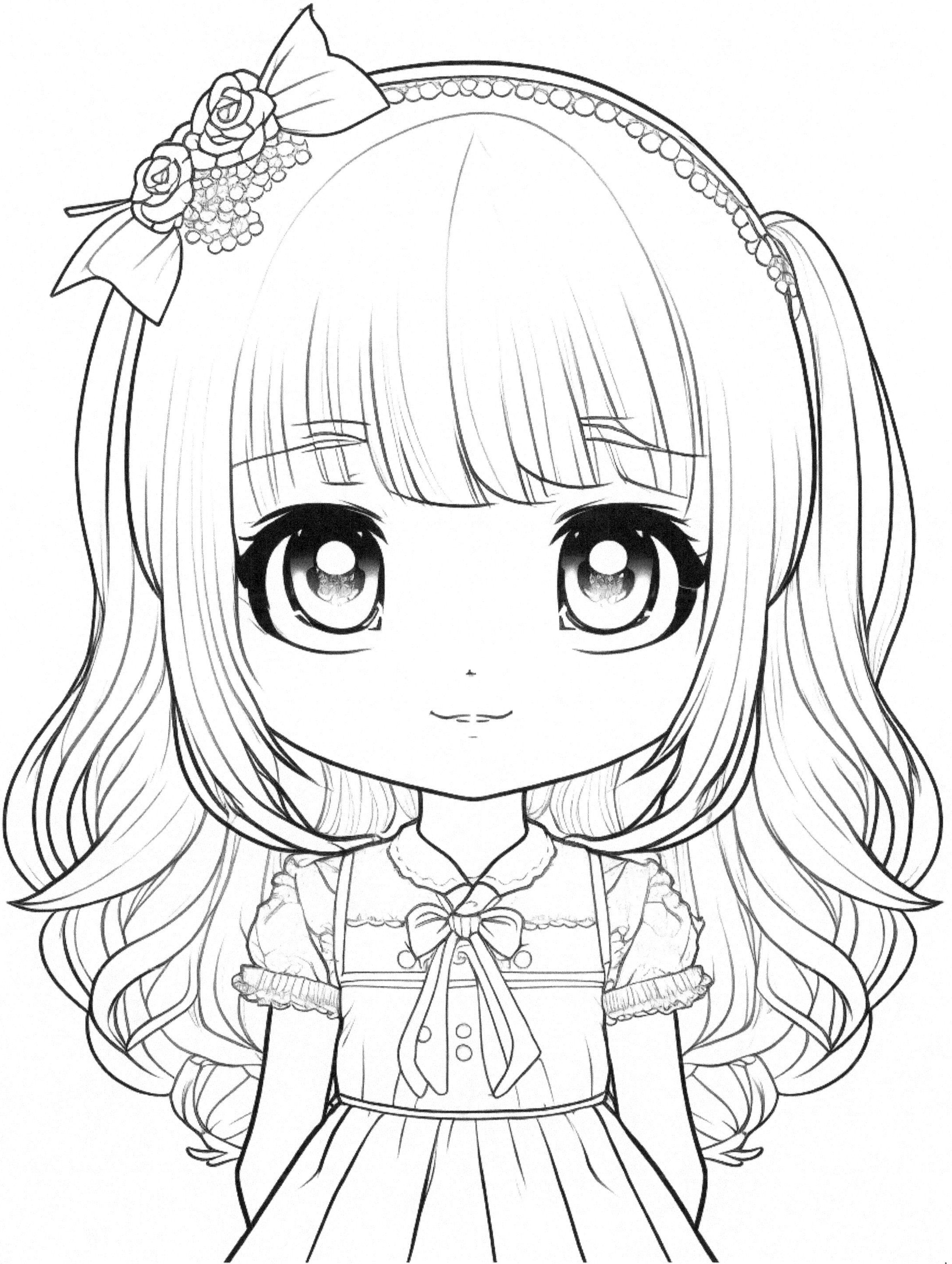

www.ingramcontent.com/pod-product-compliance
Lightning Source LLC
Chambersburg PA
CBHW080630220526
45467CB00011B/3445
* 9 7 9 8 3 9 0 7 3 9 4 8 8 *